Birne, Quitte, Nuss & Traube

Rezepte und Fotos:
Karl Newedel

Bassermann Inspiration

Birne

natürlich

sexy Kurven

goldgelb bis rotwangig

selber süß – liebt pikant

Danke, Herr von Ribbeck

- 1 Rolle (275 g) Blätterteig aus dem Frischeregal
- 1 Eigelb
- 3 EL Sahne
- 3 Zweige Rosmarin
- 1 EL grüner Pfeffer
- 6 EL Birnengelee (ersatzweise Quitten- oder Apfelgelee)
- 200 g Ziegenkäse(Frisch- oder Weichkäse)
- 3 reife Birnen (z. B. Williams)

Außerdem

- Backpapier und -blech

Blätterteigtaschen mit Ziegenkäse

30 Minuten * Backzeit: 20 Minuten * 6 Portionen

1 Den Backofen auf 200 °C vorheizen. Den Blätterteig in 12 Rechtecke (ca. 7 x 10 cm – mein Blätterteig hatte eine Größe von ca. 41 x 21 cm, ich habe ihn also 3-mal längs und 4-mal quer geschnitten) schneiden. Das Eigelb mit der Sahne verquirlen, die Teigstücke damit bepinseln und auf einem mit Backpapier belegten Blech 12 Minuten goldbraun backen.

2 Für die Sauce Rosmarin klein schneiden, mit grünem Pfeffer und Birnengelee in einem Topf aufkochen und beiseite stellen.

3 Den Ziegenkäse in Scheiben schneiden, die Birnen schälen, achteln und entkernen. Beides auf die Hälfte der Blätterteigschnitten verteilen, die restlichen Teigschnitten darauf legen und den Käse im ausgeschalteten Backofen 5–10 Minuten leicht schmelzen lassen.

4 Die Schnitten warm mit der Sauce beträufelt servieren.

Tipp

Für ein dekoratives Muster auf den Blätterteigschnitten streichen Sie nach dem Einpinseln mit einer Gabel vorsichtig rautenförmig über den Teig.

Dressing

- 2 Bio-Limetten
- ½ TL Chiliflocken
- 2 EL Sonnenblumenöl
- Salz
- Zucker

Salat

- 2 Birnen
- 2 Avocados
- 400 g küchenfertige Garnelen
- ½ Bund Dill

Avocado-Birnen-Salat mit Garnelen

20 Minuten * 4 Portionen

1. Von 1 Limette für die Deko vier dünne Scheiben abschneiden, diese bis zur Mitte einschneiden und beiseite legen. Die Schale von ½ Limette abreiben, die Limetten auspressen.
2. Den Schalenabrieb mit Chiliflocken, Sonnenblumenöl und 4 EL Limettensaft vermischen und mit Salz und Zucker abschmecken.
3. Die Birnen schälen, vierteln, entkernen und in Spalten schneiden. Die Avocados halbieren, die Kerne entfernen, das Fleisch vorsichtig von der Schale lösen und ebenfalls in Spalten schneiden. Beides mit den Garnelen und dem Dressing vermengen. Den Salat mit Dillspitzen und Limettenscheiben servieren.

Tipp

Ich empfehle Ihnen für dieses Gericht Nordmeergarnelen in Salzlake.

»Leicht, lecker
und gesund!«

- 500 g Entenbrust
- 1½ EL Speiseöl
- 150 g Joghurt
- 50 g Mayonnaise
- ½ TL Zucker
- Saft von 1 Zitrone
- Cayennepfeffer
- Salz
- 250 g Knollensellerie
- 2 Birnen
- 70 g Walnusskerne

Sellerie-Birnen-Salat mit Entenbrust

20 Minuten * Garzeit: 1 Stunde * 4 Portionen

1 Den Backofen auf 100 °C vorheizen. Die Entenbrust auf der Fleischseite von Sehnen befreien, evt. restliche Federkiele mit der Pinzette herausziehen. Die Hautseite mit einem Messer rautenförmig einschneiden.

2 Das Öl in eine kalte Pfanne geben, die Entenbrust mit der Hautseite nach unten bei geringer Hitze 8 Minuten knusprig braten. Wenden und auf der Fleischseite kurz weiterbraten. Dann auf ein Ofengitter über einem Backblech setzen und im Ofen 1 Stunde rosa garen.

3 Joghurt, Mayonnaise und Zucker verrühren und mit Zitronensaft, Cayennepfeffer und Salz abschmecken. Sellerie schälen, in sehr feine Streifen schneiden und untermengen.

4 Die Birnen waschen, vierteln, entkernen, in 1,5 cm große Stücke schneiden, zum Sellerie geben, sorgfältig vermischen und den Salat mit Walnüssen garnieren.

5 Die fertig gegarte Entenbrust quer zur Faser in Scheiben schneiden, etwas salzen und auf den Salat legen.

Tipp

Dieses Gericht lässt sich wunderbar mit Feldsalat ergänzen.

Tipp

Für ein Hauptgericht reichen Sie gekochte Kartoffeln und griechischen Joghurt dazu.

Birnensalat mit Roter Bete und Schafskäse

15 Minuten * 4 Portionen

1 Die Birnen schälen und entkernen. Die Rote Bete trockentupfen, den Feta aus der Salzlake nehmen. Birnen, Bete und Käse in etwa 2 cm große Würfel schneiden und miteinander vermengen.

2 Oregano, Öl und Essig verrühren, mit Salz und Pfeffer abschmecken, den Salat damit gut vermischen und mit den gehackten Walnusskernen garnieren.

- 500 g Birnen
- 500 g gekochte Rote Bete (Fertigprodukt)
- 300 g Fetakäse
- 1 TL gerebelter Oregano
- 6 EL Walnussöl
- 6 EL Quitten-Birnenessig (alternativ Apfelessig)
- Salz
- Pfeffer
- 60 g Walnusskerne

- 2 Zwiebeln
- 1 Bund Petersilie
- 4 Zweige Thymian
- 750 g Brechbohnen
- 40 g Butter
- 1 EL Mehl
- 1 l Fleischbrühe, abgekühlt
- 400 g Räucherspeck, gewürfelt
- 500 g Kartoffeln
- 750 g Birnen (möglichst Kochbirnen)
- 1 TL frisches oder getrocknetes Bohnenkraut
- Essig
- Salz
- Pfeffer

Norddeutscher Birnen-Bohnen-Speck-Eintopf

30 Minuten * Garzeit: 30–40 Minuten * 4 Portionen

1. Zwiebeln fein würfeln, Petersilie hacken, Thymianblättchen abzupfen. Die Bohnen waschen, putzen und halbieren.
2. Die Zwiebeln in Butter glasig dünsten, das Mehl zugeben und unter Rühren goldgelb anschwitzen. Mit kalter Fleischbrühe unter Rühren ablöschen. Den Räucherspeck zugeben und das Ganze bei mäßiger Hitze 10 Minuten köcheln lassen.
3. Die Kartoffeln schälen, vierteln und mit den Bohnen zur Brühe geben, alles weitere 30 Minuten sanft köcheln lassen.
4. Die Birnen schälen, vierteln und 15 Minuten vor Ende der Kochzeit zugeben. Zuletzt die Kräuter zufügen. Den deftigen Eintopf mit Essig, Salz und Pfeffer abschmecken.

»In Norddeutschland werden hierfür die kleinen Augustbirnen – zum Beispiel Bergamotte – verwendet.«

Reis

- 500 ml Milch
- 20 g Butter
- 50 g Zucker
- 1 Prise Salz
- 120 g Milchreis

Rotweinbirnen

- 4 Birnen
- 500 ml Rotwein
- 500 ml Birnensaft
- 250 g Zucker
- abgeriebene Schale von 1 Bio-Orange
- 2 Sternanis
- 1 Nelke
- 1 Zimtstange
- 2 EL kaltes Wasser
- 1 TL Speisestärke
- Zitronenmelisse für die Deko

Rotweinbirne mit Milchreis

20 Minuten * Garzeit: 35 Minuten * 4 Portionen

1. Milch, Butter, Zucker und Salz kurz aufkochen, den Reis zugeben und zugedeckt bei schwacher Hitze ca. 35 Minuten kochen, dabei öfter umrühren.
2. Die Birnen schälen, das Kerngehäuse vom Blütenansatz aus herausschneiden (möglichst mit einem Kerngehäuseausstecher).
3. Rotwein, Birnensaft, Zucker, Orangenschale, Sternanis, Nelke und Zimtstange zusammen aufkochen. Die Birnen darin knapp am Siedepunkt in 10–15 Minuten gar ziehen lassen – wenn Sie mit einem Zahnstocher in die Birne stechen, sollte nur noch ein schwacher Widerstand zu spüren sein.
4. Vom Birnen-Rotwein-Sud 250 ml abnehmen, die in Wasser verrührte Speisestärke einrühren und einmal aufkochen.
5. Den Milchreis mit Birne und Rotweinsauce anrichten. Eventuell mit Zitronenmelisse dekorieren

Tipp

Für einen besonders cremigen Milchreis kann vor dem Servieren etwas geschlagene Sahne unter den Reis gehoben werden.

- 150 ml Birnensaft
- 250 ml Weißwein
- 4 EL frischer Zitronensaft
- 4 EL brauner Zucker
- 2 Nelken
- 1 Sternanis
- 2 Kardamomkapseln
- Mark von 1 Vanilleschote
- 2 große Birnen
- 200 g kernlose blaue Trauben
- 4 Eigelb
- 4 EL eingemachte Preiselbeeren (Fertigprodukt)

Gewürzbirne auf Weinschaum

45 Minuten * Ruhezeit: 30 Minuten * 4 Portionen

1 Birnensaft, Weißwein und Zitronensaft in einem Topf mit 2 EL braunem Zucker, Nelken, Sternanis, angedrückten Kardamomkapseln und Vanillemark aufkochen, dann 5 Minuten köcheln lassen.

2 Die Birnen schälen, halbieren, entkernen und im Gewürzsud 5–10 Minuten köcheln. Den Topf vom Herd nehmen und die Birnen darin etwa 30 Minuten auskühlen lassen. Die Trauben entstielen und waschen.

3 Für den Weinschaum Eigelb, den restlichen Zucker und 4 EL des Birnensuds in einer Schüssel über einem heißen Wasserbad bei mäßiger Hitze mit dem Mixer schaumig schlagen, bis die Masse einen dicken, zähflüssigen Schaum ergibt.

4 Die Preiselbeeren auf die Birnen geben, mit Weinschaumsauce und Trauben servieren.

Tipp

Der Weinschaum wird etwas dicklicher, wenn man vor dem Aufschlagen eine Messerspitze Speisestärke zugibt.

»Dieses köstliche Dessert
krönt bei uns oft
das Weihnachtsmenü.«

Biskuit
* 130 g weiche Butter + 50 g zum Einfetten der Springform
* 100 g Zartbitterkuvertüre + 30 g geraspelt zum Garnieren
* 6 Eier
* 2 Päckchen Vanillezucker
* 30 g Mehl
* 150 g gemahlene Mandeln
* 1 EL Kakaopulver
* 1 Prise Salz
* 100 g Zucker

Belag
* 750 ml Birnensaft
* Saft von 1 Zitrone
* 1 kg Birnen
* 1 Zimtstange
* 1 Päckchen roter Tortenguss

Außerdem
* Springform (Ø 26 cm)

Birnen-Schokoladen-Torte

35 Minuten * Backzeit: 1 Stunde * ca. 8 Stück

1 Den Backofen auf 170 °C vorheizen. Die Springform mit Butter einfetten. 100 g Kuvertüre über einem heißen Wasserbad unter Rühren schmelzen. Die Eier trennen, die Butter mit Vanillezucker schaumig schlagen, Eigelb einrühren und die geschmolzene Kuvertüre untermengen. Mehl, Mandeln und Kakao mischen und unterheben.

2 Eiklar mit Salz zu einem festen Schnee schlagen, den Zucker einrieseln lassen. Den Eischnee in zwei Portionen unter den Teig heben. Den Teig in die Form füllen und 1 Stunde backen.

3 Birnen- und Zitronensaft mischen. Die Birnen schälen, halbieren, das Kerngehäuse und den Strunk entfernen. Die Birnen im Saft mit der Zimtstange in einem Topf garen, bis sie weich sind (mit einem Zahnstocher überprüfen). Birnen herausnehmen, trocken tupfen und mit der Schnittseite nach unten kreisförmig auf dem Kuchen verteilen.

4 Das Tortengusspulver mit 250 ml des Birnenfonds aufkochen und gleichmäßig über den Birnen verteilen. Den Kuchen abkühlen lassen, aus der Form nehmen und mit Schokoraspeln garnieren.

Tipp

Der Biskuitteig muss schnell in den Backofen, sonst wird er nicht luftig.

»Eine Traumkombi!«

»Ein Traum für große und kleine Genießer.«

Tipp

Zur Krönung kann man den Strudel mit kalter oder warmer Vanillesauce übergießen.

Strudelteig
* 250 g Mehl, gesiebt, + etwas für die Arbeitsfläche
* 2 EL Öl + etwas zum Einölen des Teigs
* 2 Eigelb
* 125 ml lauwarmes Wasser

Füllung
* 500 ml Milch
* 120 g Grieß
* 125 g Zucker
* 3 EL Kakaopulver
* ½ TL Zimt
* 1 kg Birnen
* 3 Eier
* 100 g Butter
* 1 Prise Salz
* 60 g Butter zum Einfetten des Blechs und Bepinseln des Strudels
* 2–3 TL Puderzucker
* 2–3 TL Kakaopulver

Schoko-Grieß-Strudel mit Birnen

40 Minuten * Ruhe- und Backzeiten: 3 Stunden * 4 Portionen

1 Für den Teig Mehl, Öl und Eigelb mit dem Knethaken des Mixers oder in der Küchenmaschine verkneten, dabei nach und nach das Wasser zugeben, bis der Teig geschmeidig und weich ist.

2 Den Teig auf der bemehlten Arbeitsfläche mit den Händen nochmals gut durchkneten, gegebenenfalls noch etwas Mehl zugeben, sodass ein weicher, nicht klebender Teig entsteht. Den Teig leicht einölen, in Klarsichtfolie wickeln und mindestens 2 Stunden bei Zimmertemperatur ruhen lassen.

3 Für die Füllung die Milch aufkochen, Grieß, 75 g Zucker, Kakao und Zimt in die kochende Milch einrühren, nochmals kurz aufkochen und vom Herd nehmen.

4 Die Birnen schälen, vierteln, entkernen und in 2 cm große Würfel schneiden. Die Eier trennen, Eigelb mit 100 g Butter mit dem Mixer schaumig schlagen und unter die Grießmasse ziehen.

5 Ein großes Küchentuch leicht mit Mehl bestäuben, darauf den Strudelteig mit einem Nudelholz so dünn wie möglich ausrollen und mit zerlassener Butter bestreichen. Den Backofen auf 180 °C vorheizen.

6 Eiklar mit einer Prise Salz steif schlagen, dabei den restlichen Zucker langsam einrieseln lassen. Zuerst ein Drittel des Eischnees mit der Grießmasse verrühren, dann den Rest zusammen mit den Birnen unterheben. Die Masse auf dem Strudelteig verteilen, mithilfe des Tuchs aufrollen und vorsichtig auf ein gefettetes Blech heben.

7 Im Ofen etwa 50 Minuten backen, dabei mehrmals mit zerlassener Butter bestreichen. Vor dem Servieren mit Puderzucker und Kakaopulver bestäuben.

Qui

tte

mit fruchtigem Duft

sehr gut für feine Noten

einheimisch-exotisch

Symbol für die Liebe

- 400 g Quitten
- 300 g Pastinaken
- 100 g Möhren
- 1 Zwiebel
- 5 EL Speiseöl
- 1 l Gemüsebrühe
- 1 Stück Ingwer (ca. 2 cm)
- 100 g Frühstücksspeck
- ½ Bund Petersilie
- Pfeffer
- Salz
- 2–3 EL Balsamico-Essig

Pastinaken-Quitten-Suppe mit Speck

35 Minuten * Garzeit: 30 Minuten * 4 Portionen

1. Quitten, Pastinaken, Möhren und Zwiebel schälen, die Quitten entkernen, alles grob würfeln. In einem Topf in 3 EL Öl anschwitzen, mit Brühe aufgießen und 30 Minuten bei mäßiger Hitze kochen lassen.
2. In der Zwischenzeit den Ingwer fein reiben und zur Suppe geben. Den Speck in dünne Scheiben schneiden und in einer Pfanne bei mittlerer Hitze in 2 EL Öl knusprig braten. Die Petersilie grob hacken.
3. Die Suppe mit einem Pürierstab fein pürieren und gegebenenfalls durch ein Sieb passieren. Die Petersilie unterrühren, mit Salz und Pfeffer abschmecken.
4. Die Suppe mit den Speckstreifen belegen und mit Balsamico-Essig beträufelt servieren.

Tipp

Als Suppeneinlage können ein paar Stückchen der gekochten Quitte genommen werden.

Braten

- 400 g Rehfleisch aus der Keule (z. B. Rehnüsschen)
- 1 große Quitte (geputzt 250 g)
- 200 g Maronen (gegart und geschält)
- 130 g Butter
- 2 Zweige Rosmarin, gehackt
- 2 Zweige Thymian, gehackt
- 1 Bund Petersilie, gehackt
- 2 Eier
- 1 TL Wildgewürz
- 2 EL Semmelbrösel

Sauce

- 2 Schalotten
- 1 TL Zucker
- 1 EL Speiseöl
- 2 EL Balsamico-Essig
- 100 ml Portwein
- 400 ml Wildfond
- 1 gehäuften TL Mehl
- 1 Glas Wildpreiselbeeren
- Salz und Pfeffer

Falscher Hase vom echten Reh

40 Minuten * Garzeit: 45 Minuten * 4 Portionen

1. Den Backofen auf 180 °C vorheizen. Das Rehfleisch von groben Sehnen befreien, in ca. 1 cm große Würfel schneiden und in eine Schüssel legen.
2. Die Quitte schälen, vierteln und entkernen, zusammen mit den Maronen grob würfeln und alles in 100 g Butter bei mäßiger Hitze etwa 5 Minuten anbraten, dann unter das Rehfleisch mischen.
3. Kräuter, Eier, Wildgewürz und Semmelbrösel unter die Rehmasse mischen, mit Pfeffer und Salz würzen. Aus dem Rehfleisch einen Laib formen und auf einem mit Backpapier belegten Blech 45 Minuten im Ofen braten.
4. Für die Sauce die Schalotten schälen, fein würfeln und in einer Pfanne mit dem Zucker in Öl leicht Farbe annehmen lassen. Balsamico zugeben und mit Portwein und Wildfond ablöschen. Die restliche Butter mit dem Mehl verkneten und in der Sauce auflösen. Unter Rühren 15 Minuten köcheln lassen, mit Salz und Pfeffer abschmecken, mit Wildpreiselbeeren servieren.

»Eine wunderbar fruchtige Variante des bekannten Gerichts.«

- 600 g Quitten
- 800 g Kidneybohnen (Dose)
- 2 Zwiebeln
- 2 Knoblauchzehen
- 600 g gemischtes Hackfleisch
- 4 EL Tomatenmark
- 750 g stückige Tomaten (Dose oder Tetra-Pack)
- 5 Zweige Koriander
- 1–2 Chilischoten
- 80 g Korinthen
- ½ TL gemahlener Kreuzkümmel
- Salz
- Pfeffer

Chili con Quitte

30 Minuten * Garzeit: 35 Minuten * 4 Portionen

1 Die Quitten schälen und in 1,5 cm große Würfel schneiden. Kidneybohnen abgießen, Zwiebeln würfeln und Knoblauch fein hacken.

2 Die Zwiebeln in einer großen Pfanne glasig dünsten, Hackfleisch zugeben und unter häufigem Rühren krümelig braten.

3 Quitten, Knoblauch, Tomatenmark und Tomaten unterrühren und alles etwa 25 Minuten leise köcheln lassen.

4 Den Koriander hacken, mit den Chilischoten, Korinthen und Gewürzen vermischen. Unter die Fleischmasse mengen und alles weitere 10 Minuten ziehen lassen. Mit Salz und Pfeffer abschmecken.

Tipp

Einen besonderen Geschmack erhält man durch Zugabe von geräuchertem Chilipulver, das im Handel unter Pimentón de la Vera, Chipotle oder Piment d'Espelette erhältlich ist.

- 600 g Rotkohl
- 1 TL Salz
- 600 g Quitten
- 200 ml Apfelsaft
- 4 EL Quittengelee (Fertigprodukt oder von Seite 45)
- 1 Prise Zimt
- 50 ml Apfelessig
- 3 EL Walnussöl
- 1 rote Zwiebel
- 250 g kernlose Trauben
- 80 g Walnusskerne

Herbstlicher Rotkohl-Quitten-Salat

30 Minuten * 4 Portionen

1 Den Rotkohl von Strunk und den äußersten Blättern befreien, fein hobeln und mit Salz verkneten.

2 Die Quitten schälen, vierteln, entkernen und in schmale Spalten schneiden. Den Apfelsaft mit Quittengelee und Zimt aufkochen. Die Quitten ca. 10 Minuten darin garen, herausnehmen und den Sud auf ein Drittel einkochen.

3 Den Rotkohl mit dem heißen Quittensud, dem Apfelessig und Walnussöl vermengen.

4 Die Zwiebel in feine Ringe schneiden, die Trauben halbieren und zusammen mit den Quitten und den Walnüssen zum Rotkohl geben und gut vermischen.

Tipp

Falls Ihnen die rote Zwiebel zu scharf sein sollte, können Sie diese auch durch eine etwas mildere Schalotte ersetzen.

- 600 g Quitten
- 500 ml Apfelsaft
- 50 g Weichweizengrieß
- ½ TL Zimt
- 3 Eier
- 200 g Sahne
- 90 g Zucker
- 1 Prise Salz

Außerdem
- feuerfeste Form

Quittengrieß mit Baiserhaube

30 Minuten * 4 Portionen

1. Die Quitten schälen, vierteln und entkernen. In 2 cm große Stücke schneiden und 10 Minuten im Apfelsaft weich kochen.
2. Den Ofen auf 200 °C vorheizen. Die Quitten durch ein Sieb abgießen, Grieß und Zimt in den Apfelsaft einrühren, einmal aufkochen und 5 Minuten neben dem Herd quellen lassen.
3. Die Eier trennen, Eigelb mit der Sahne verquirlen und zusammen mit den Quittenstückchen unter das Grießmus heben und gleichmäßig in der feuerfesten Form verteilen.
4. Eiklar und Salz zu einem festen Schnee schlagen und den Zucker einrieseln lassen. Den Eischnee in groben Klecksen über dem Quittengrieß verteilen und 5 Minuten im Ofen gratinieren.

Tipp

Je frischer die Eier, desto besser lässt sich der Schnee aufschlagen. Beim Trennen der Eier ist es wichtig, dass kein Eigelb in das Eiklar kommt, da das enthaltene Fett das Steifwerden verhindert.

»Ein altes Familienrezept.«

Belag
- 1 kg Quitten
- 4 EL Butter
- 150 g brauner Zucker

Teig
- 130 g Butter
- 125 g Zucker
- 2 Eier + 1 Eigelb
- 1 Mark von 1 Vanilleschote
- 1 Prise Salz
- 120 ml Milch
- 170 g Mehl
- 2 TL Backpulver
- 80 g gemahlene Haselnüsse

Außerdem
- ofenfeste Pfanne (Ø 26 cm, siehe Tipp)

Umgedrehter Quittenkuchen

30 Minuten * Backzeit: 45 Minuten * ca. 8 Stück

1 Den Backofen auf 180 °C vorheizen. Die Quitten waschen, schälen, vierteln und in etwa 5 mm dicke Spalten schneiden.

2 Für den Belag die Butter bei mittlerer Hitze in der Pfanne zerlassen, Zucker zugeben und unter Rühren mit einem Holzspatel schmelzen, bis er Blasen wirft. Die Pfanne vom Herd nehmen, den Zucker etwas abkühlen lassen, dann die Quitten ringförmig nebeneinander in den Karamell legen.

3 Für den Teig Butter und Zucker in einer Schüssel schaumig schlagen, Eier, Eigelb, Vanillemark und Salz zugeben und zu einer gleichmäßigen Masse verrühren. Die Milch unterrühren. Mehl und Backpulver einsieben, Haselnüsse zugeben und alles zu einem glatten Teig verrühren. Den Teig über den Quitten verteilen und glatt streichen.

4 Den Kuchen 45 Minuten backen, in der Pfanne (oder Form) etwa 15 Minuten abkühlen, dann auf einer Platte auskühlen lassen.

Tipp

Alternativ können Sie den Zuckerkaramell auch in einer Pfanne anrühren und dann in eine runde Kuchenform füllen. Achtung: Karamell ist sehr, sehr heiß!

- 700 g Quitten
- 150 ml Apfelsaft
- 200 g Roggenmehl Type 1150
- 200 g Dinkelvollkornmehl
- ½ TL Zimt
- 1 Päckchen Trockenhefe (für 500 g Mehl)
- 1 Prise gemahlene Nelken
- 200 g Quittengelee (Fertigprodukt oder von Seite 45)
- 150 g Dörrpflaumen
- 150 g Sauerkirschen
- 50 g kandierte Kirschen
- 150 g Haselnüsse ohne Haut
- 150 g Walnusskerne
- 50 g Zucker

Saftiges Quitten-Nuss-Brot

30 Minuten * Ruhe- und Backzeit: 2¼ Stunden * 2 Brote

1 Die Quitten schälen, entkernen, in etwa 1 cm große Würfel schneiden und im Apfelsaft in einem Topf bei mäßiger Hitze 8 Minuten köcheln lassen. Abgießen und den Saft dabei auffangen.

2 Roggenmehl, Dinkelvollkornmehl, Zimt, Trockenhefe, Nelkenpulver, 100 ml des abgekühlten Apfel-Quittensafts und 150 g des Quittengelees zu einem glatten Teig verkneten und zugedeckt 45 Minuten an einem warmen Ort gehen lassen.

3 Die Dörrpflaumen grob würfeln, die Sauerkirschen halbieren, mit den kandierten Kirschen, Haselnüssen, Walnüssen und dem Zucker mischen und in den Teig kneten.

4 Aus dem Teig zwei Laibe formen und auf einem mit Backpapier belegten Blech weitere 30 Minuten gehen lassen. In der Zwischenzeit den Backofen auf 160 °C vorheizen.

5 Die Brote 60 Minuten backen. 10 Minuten vor Ende der Backzeit mit dem restlichen Quittengelee bestreichen.

Tipp

Dieses Früchtebrot passt vorzüglich zu Käse.

Ingwer-Quitten-Konfekt

🕑 2 Stunden * Kühlzeit: 6 Stunden * ca. 36 Stück

1. Die Quitten in einem Topf mit Wasser bedecken, 1 Stunde kochen, dann schälen und durch ein Sieb drücken. Den Quittenbrei abwiegen und mit der gleichen Menge Zucker 20 Minuten kochen. Den Ingwer fein würfeln und in die Masse rühren.
2. Den Quittenbrei in einem Messbecher abmessen, Gelatine (pro 100 ml Brei 1,5 Blätter) 5 Minuten in kaltem Wasser einweichen, ausdrücken und in der Quittenmasse auflösen.
3. Den Quittenbrei in die Form füllen und etwa 6 Stunden im Kühlschrank gelieren lassen. Dann auf ein Küchenbrett stürzen, in Würfel schneiden und in Kokosraspeln wälzen.

»Eine feine Leckerei
mit exotischer Note.«

- 1 kg Quitten
- ca. 600 g feiner Zucker
- 80 g kandierter Ingwer
- ca. 10 Blatt Gelatine
- 60 g Kokosraspeln

Außerdem

- Sieb
- flache Form (ca. 20 x 20 cm)

»Großmutters Frühstücksgelee –
ein unvergessener Genuss.«

- 2 kg Quitten
- ca. 1,5 kg Gelierzucker 1:1

Außerdem
- Schraubgläser für ca. 2 Liter
- Küchentuch/Passiertuch
- Sieb
- Pürierstab
- Messbecher/Waage

Quittengelee

30 Minuten * Gar- und Ruhezeit: 26 Stunden * ca. 2 Liter

1. Die Quitten waschen, von Pelz, Stielansatz und Blüten befreien und ungeschält in Stücke schneiden.
2. Die Quittenstücke in einem Topf knapp mit Wasser bedecken, etwa 2 Stunden abgedeckt weich kochen und über Nacht ziehen lassen.
3. Schraubgläser und Deckel 10 Minuten in kochendem Wasser sterilisieren und auf einem sauberen Küchentuch abtropfen lassen. Dabei die Ränder und das Innere der Gläser nicht mehr berühren.
4. Das Küchentuch mit Wasser durchspülen und in das Sieb legen. Quitten mit der Flüssigkeit pürieren und durch das Tuch passieren, dabei etwas auspressen (siehe Tipp). Den aufgefangenen Saft abmessen, pro Liter Saft 1 kg Gelierzucker unterrühren und etwa 5 Minuten kochen, bis die Masse geliert.
5. Das Gelee heiß in die Gläser füllen, sofort fest verschließen, auf den Kopf stellen und in dieser Position auskühlen lassen.

Tipp

Je weniger Sie die Quitten beim Passieren auspressen, desto klarer wird das Gelee.

Nuss

knacken & knabbern
mahlen, hacken, backen
machen klug, halten jung
nussig genießen

- 1 Vanilleschote
- 4 Eier
- 200 g Mehl
- 1 EL Öl
- 2 TL Salz
- 600 g Spitzkohl
- 2 Birnen
- 300 g Haselnusskerne
- 2 EL Butter
- 3 EL Essig
- 100 g Quittengelee (Fertigprodukt oder von Seite 45)

Außerdem

- Spätzlehobel oder -presse

Spätzle mit Spitzkohl und Birnen

45 Minuten * 4 Portionen

1 Das Mark aus der Vanilleschote herauskratzen, Mark und Schote beiseitelegen. Eier, Mehl, Öl, Salz und Vanillemark mit dem Mixer oder in der Küchenmaschine zu einem zähflüssigen Teig verkneten, gegebenenfalls noch etwas Wasser zugeben. Den Teig so lange auf höchster Stufe schlagen, bis er Blasen wirft.

2 Den Spitzkohl halbieren, den Strunk entfernen und die Blätter quer in 1 cm breite Streifen schneiden.

3 Die Birnen waschen, vierteln, entkernen und in Spalten schneiden. Die Haselnüsse grob hacken, in einer Pfanne leicht anrösten, herausnehmen und beiseite stellen.

4 In einem Topf reichlich Wasser mit etwas Salz und der ausgekratzten Vanilleschote zum Kochen bringen und den Spätzleteig mit Spätzlehobel oder -presse in das Wasser geben. Die Spätzle je nach Größe 2–5 Minuten garen, herausnehmen und in einem Sieb abtropfen lassen.

5 Den Spitzkohl mit Butter in einer großen Pfanne anschwitzen. Essig, Quittengelee und Birnenspalten zugeben und durchschwenken. Die fertigen Spätzle und die Haselnüsse untermengen und alles nochmals kurz erhitzen.

Tipp

Sie können die Spätzle auch vorbereiten und kurz vor dem Servieren in einer Pfanne mit etwas Butter anrösten.

»Außergewöhnlich, aber eine
fantastische Aromakomposition.«

Füllung

- 2–3 Löffelbiskuit
- 2 Birnen (ca. 500 g)
- 50 g gemahlene Haselnüsse
- 20 g Butter
- 100 g Birnenmarmelade (ersatzweise Quittengelee)
- abgerieben Schale von 1 Bio-Zitrone

Hefeteig

- 1 Würfel (42 g) Frischhefe (oder 7 g Trockenhefe)
- 2 EL Zucker
- 150 ml lauwarme Milch
- 500 g Mehl + etwas zum Bestäuben
- 2 Eier + 3 Eigelb
- 1 Prise Salz
- 125 g weiche Butter + 50 g zum Einfetten der Form
- Mark von 1 Vanilleschote
- 10-20 ml Rum
- 4 EL Puderzucker

Außerdem

- feuerfeste Form (ca. 25 x 16 cm)

Buchteln mit Birnen-Nuss-Füllung

50 Minuten * Geh- und Backzeiten: 1½ Stunden * 6 Portionen

1. Die Löffelbiskuit in eine Gefriertüte geben und zerbröseln. Für die Füllung die Birnen schälen, vierteln, entkernen und fein würfeln. 350 g davon mit den Haselnüssen in einer Pfanne in Butter anschwitzen und mit der Marmelade, der Hälfte der Zitronenschale und den Biskuitbröseln vermengen.
2. Für den Teig Hefe und Zucker mit der Hälfte der Milch verrühren, mit 100 g Mehl zu einem glatten Teig verarbeiten und abgedeckt an einem warmen Ort auf die doppelte Größe gehen lassen.
3. Den Vorteig mit den Eiern, Eigelben, der restlichen Milch und dem übrigen Mehl mit dem Knethaken des Mixers oder in der Küchenmaschine zu einem Teig verkneten. Salz, 145 g Butter, Vanillemark, Rum und die restliche Zitronenschale zugeben, weiterkneten, bis der Teig Blasen wirft. Dann nochmals etwa 30 Minuten gehen lassen.
4. Den Backofen auf 170 °C vorheizen. Aus dem Teig auf einer bemehlten Fläche 3 Rollen formen und in je 6 gleich große Stücke schneiden. Diese etwas plattdrücken, die Füllung mit einem Teelöffel in die Mitte geben und die Teiglinge anschließend vorsichtig zu Kugeln formen.
5. Die Auflaufform mit Butter einfetten und die Buchteln darin nebeneinander gelegt an einem warmen Ort ruhen lassen, bis sich das Volumen verdoppelt hat. Dann mit etwas Puderzucker bestäuben und 30 Minuten backen. Vor dem Servieren nochmals mit Puderzucker bestäuben.

»Eine sehr leckere Variante
dieser böhmischen Spezialität.«

* 300 g Mehl, gesiebt + 2 EL für das Blech
* 1 TL Backpulver
* 170 g Zucker
* Mark von 1 Vanilleschote
* 1 Prise Salz
* 2 Eier
* 2 Eigelb
* 100 g Haselnusskerne
* 60 g gemahlene Haselnüsse
* 3 EL Butter zum Einfetten
* 2 EL Sahne

Außerdem

* Backblech

Haselnuss-Biscotti

20 Minuten * Backzeit: 25 Minuten * ca. 24 Stück

1 Mehl, Backpulver und Zucker in einer Schüssel vermengen und mit Vanillemark, Salz, Eiern und 1 Eigelb verrühren. Mit den ganzen und den gemahlenen Haselnüssen zu einem gleichmäßigen, weichen Teig verarbeiten.

2 Den Backofen auf 180 °C vorheizen. Ein Backblech mit Butter einfetten und mit etwas Mehl bestäuben.

3 Aus dem Teig Rollen von ca. 2,5 cm Durchmesser formen. Das restliche Eigelb mit Sahne verquirlen und die Rollen damit einstreichen. Auf dem Backblech etwa 20 Minuten goldbraun backen.

4 Die Rollen aus dem Ofen nehmen (Ofentür wieder schließen), etwas abkühlen lassen, dann in 2 cm dicke Scheiben schneiden. Diese anschließend so auf dem Blech verteilen, dass sie sich nicht berühren. Nochmals 5 Minuten backen. Die fertigen Biscotti auf einem Gitter auskühlen lassen.

Tipp

Die Biscotti harmonieren hervorragend mit einem süßen Dessertwein und bilden den gelungenen Abschluss eines mehrgängigen Menüs.

»Der Kuchen schmeckt am besten,
wenn er einen Tag lang durchgezogen ist.«

* 200 g weiche Butter + 50 g zum Einfetten der Form
* 200 g Zucker
* 6 Eier
* 125 g Mehl, gesiebt, + etwas für die Form
* 1 TL Backpulver
* 200 g gemahlene Haselnüsse
* 60 g gemahlene Walnüsse
* 3 EL Milch
* 60 g Haselnusskerne
* 60 g Walnusskerne
* 60 g Pistazienkerne
* 1 Prise Salz
* 200 g Marzipanrohmasse
* 200 g dunkle Kuvertüre

Außerdem

* Kastenform (ca. 30 x 12 cm)

Nusskuchen mit Marzipan

30 Minuten * Backzeit: 1 Stunde * 1 Kuchen

1. Die Butter mit 100 g Zucker in einer Schüssel schaumig schlagen. Die Eier trennen, Eigelb unterrühren.
2. Mehl, Backpulver und gemahlene Nüsse vermengen und mit der Milch unter die Butter-Eigelb-Masse rühren.
3. Den Backofen auf 175 °C vorheizen. Die Backform mit Butter ausstreichen und mit Mehl bestäuben.
4. Einige Nüsse und Pistazienkerne zum Garnieren beiseitelegen, die übrigen grob hacken. Eiklar mit einer Prise Salz zu festem Schnee schlagen, dabei den restlichen Zucker einrieseln lassen.
5. Das Marzipan grob zerpflücken und mit den gehackten Nüssen, Pistazien und einem Drittel des Eischnees unter den Teig rühren, den restlichen Eischnee behutsam unterheben. Den Teig in die Form füllen und etwa 1 Stunde backen.
6. Den Kuchen etwas abkühlen lassen, aus der Form nehmen und auf ein Kuchengitter stürzen und abkühlen lassen.
7. Die Kuvertüre über einem heißen Wasserbad unter Rühren schmelzen, den abgekühlten Kuchen damit überziehen und mit Nüssen und Pistazien bestreuen.

»Eine traumhafte Festtagstorte!«

Biskuitteig
- 50 g Butter für die Form
- 6 Eier
- 140 g Zucker
- 140 g gemahlene Haselnüsse
- 40 g Semmelbrösel
- 1 Prise Salz

Füllung und Überzug
- 4 EL Cognac oder Amaretto
- 200 g Johannisbeerkonfitüre
- 6 Blatt Gelatine
- 800 g Sahne
- 2 EL Instant-Kaffeepulver
- 200 g Blockschokolade
- 75 g Zucker
- 1 Päckchen Vanillezucker
- 40 ml Rum
- 50 g Haselnusskerne, grob gehackt

Außerdem
- Springform (Ø 26 cm)

Schokoladen-Nuss-Torte

40 Minuten * Back- und Kühlzeiten: 1¾ Stunden * 12 Stück

1 Den Backofen auf 180 °C vorheizen. Die Springform mit Butter einfetten. Die Eier trennen, Eigelb mit Zucker schaumig schlagen und mit gemahlenen Haselnüssen und Semmelbröseln glatt rühren. Eiklar mit einer Prise Salz zu festem Schnee schlagen, ein Drittel in die Ei-Nuss-Masse rühren und den Rest vorsichtig unterheben. Den Teig in die Form füllen und 45 Minuten backen.

2 Den ausgekühlten Biskuitteig aus der Form nehmen und in drei gleich dicke Böden schneiden. Zwei Böden mit Cognac bzw. Amaretto beträufeln und mit der Johannisbeerkonfitüre bestreichen.

3 Die Gelatine in kaltem Wasser einweichen. Die Sahne einmal aufkochen, das Kaffeepulver einrühren und vom Herd nehmen. Blockschokolade, Zucker und Vanillezucker sowie die abgetropften Gelatineblätter unter Rühren darin auflösen und erkalten lassen.

4 Die Schokoladensahne mit dem Mixer schaumig schlagen, dabei den Rum untermischen.

5 Die zwei bestrichenen Biskuitböden 1 cm dick mit der Sahnemasse bestreichen, aufeinandersetzen und den dritten Boden oben aufsetzen. Mit einem Palettenmesser oder Teigschaber den Rand und die Oberseite der Torte ebenfalls mit Schokosahne bestreichen, dabei noch einen Teil zum Dekorieren zurückbehalten.

6 Die restliche Schokosahne in einen Spritzbeutel mit Sterntülle geben und die Torte mit kleinen Tuffs verzieren, die Tortenmitte mit den Haselnüssen bestreuen.

»Ein kleiner Gaumenschmaus, über den sich die Gäste beim Aperitif freuen.«

Dattel-Walnuss-Konfekt

🕒 15 Minuten * ca. 16 Stück

1. Die Walnusskerne vierteln und für jede Dattel ¼ Walnuss beiseitelegen. Die restlichen Walnüsse nicht zu fein hacken.
2. Das Marzipan in ½ cm dicke Scheiben schneiden und mit den gehackten Walnüssen verkneten. Die Marzipan-Walnuss-Mischung zu einem Strang rollen und in so viele Teile schneiden, wie Datteln vorhanden sind.
3. Die Datteln aufschneiden, den Kern herausnehmen, die Datteln mit dem Marzipan füllen und jeweils ¼ Walnuss in die Masse drücken.

Tipp

Die Medjoul-Datteln eignen sich hervorragend für dieses Konfekt, da sie einen ausgeprägten Geschmack haben und aufgrund ihrer Größe gut zu füllen sind.

- 100 g Walnusskerne
- 300 g Datteln (ca. 16 Stück)
- 80 g Marzipanrohmasse

Trau

ben

von Natur aus

mundgerecht

Verwandlungskünstler von Rosine bis Rioja

tafeln wie die alten Römer

hochlecker

Feldsalat mit Camembert und Trauben

15 Minuten * 4 Portionen

1 Den Feldsalat putzen, waschen und trocknen. Essig, Traubenkernöl, Pfeffer und Salz gut miteinander verrühren und sorgfältig mit dem Feldsalat vermischen.
2 Den Camembert in Scheiben schneiden und unter den Salat mengen.
3 Die Weintrauben entstielen, waschen, trocknen und halbieren. Die Zwiebel schälen, in feine Ringe schneiden und mit den Trauben über den Salat geben. Mit Walnusskernen servieren.

- 150 g Feldsalat
- 6 EL Balsamico-Essig
- 3 EL Traubenkernöl
- Pfeffer
- Salz
- 300 g Camembert
- 400 g kernlose Weintrauben
- 1 rote Zwiebel
- 80 g Walnusskerne

* ½ TL Speisestärke
* 400 ml Traubensaft
* 400 g Hähnchenbrustfilet
* 2 EL Speiseöl
* 5 EL Essig
* 3 EL Traubenkernöl
* 300 g Stangensellerie
* 400 g kernlose Trauben
* 200 g Roquefort oder Gorgonzola
* Pfeffer
* Salz

Hähnchensalat mit Trauben und Roquefort

25 Minuten * 4 Portionen

1 Die Speisestärke in 3 EL Traubensaft verrühren.

2 Die Hähnchenbrust quer in 2 cm dicke Scheiben schneiden, in einer Pfanne von beiden Seiten je 2 Minuten in Öl braten, herausnehmen und beiseite legen. Den Bratensatz mit dem restlichen Traubensaft ablöschen, auf die Hälfte einkochen, dann die Stärke-Saft-Mischung einrühren und unter Rühren nochmals aufkochen.

3 Den Sud mit Essig, Traubenkernöl, Pfeffer und Salz abschmecken und das Hähnchenfleisch damit vermengen.

4 Die Selleriestangen waschen, putzen und schräg in möglichst dünne Scheiben schneiden oder hobeln. Die Trauben entstielen, waschen, trocknen und beides mit dem Fleisch vermengen. Den Roquefort in kleine Würfel schneiden und über dem Salat verteilen.

Tipp

Die jungen, hellen Blätter im Inneren des Selleries eignen sich wunderbar als Garnitur.

* 200 g kernlose helle Trauben
* 2 Schalotten
* 4 Lachsfilets ohne Haut (je 150 g)
* weißer Pfeffer
* Salz
* 80 g Butter
* 200 ml Weißwein
* 50 ml Noilly-Prat (französischer Wermut)
* 100 ml Crème Fraîche

Lachsfilet in Riesling-Trauben-Sauce

30 Minuten * Garzeit: 10 Minuten * 4 Portionen

1 Die Trauben mit einem kleinen, scharfen Messer schälen. Die Schalotten schälen und fein würfeln.

2 Die Lachsfilets mit Salz und weißem Pfeffer würzen. In einer beschichteten Pfanne (mit Deckel) 2 EL Butter erhitzen, die Lachsfilets ca. 5 Minuten darin von beiden Seiten anbraten, dann herausnehmen und beiseite stellen.

3 Die Schalottenwürfel mit 3 EL Butter in der Pfanne glasig dünsten. Mit Weißwein und Wermut ablöschen.

4 Die Lachsfilets wieder in die Pfanne geben, 6 Minuten im Weißweinsud zugedeckt ziehen (nicht kochen) lassen, dann herausnehmen, mit Alufolie abdecken und im Backofen bei 50 °C warm stellen.

5 Den Sud auf die Hälfte einkochen. Crème Fraîche und die restliche Butter einrühren, mit Pfeffer und Salz abschmecken und die Trauben darin erwärmen. Die Lachsfilets mit der Traubensauce anrichten.

Tipp

Dazu passt Wild- oder Langkornreis mit frischen Kräutern.

- ½ Bund Minze
- 500 g kernlose Trauben
- 4 EL brauner Zucker
- 150 g Joghurt
- 100 g Magerquark
- 50 g Puderzucker
- Schale und Saft von 1 Bio-Zitrone
- 3 Blatt Gelatine
- 150 g Sahne
- 2 Eiklar
- 25 g Zucker

Joghurtmousse mit Trauben und Minze

30 Minuten * 4 Portionen

1 Von der Minze vier schöne Blattknospen zum Garnieren beiseitelegen, die restlichen Blätter in feine Streifen schneiden.

2 Die Trauben entstielen, waschen, trocknen und halbieren. Mit der Minze und dem braunen Zucker sorgfältig vermischen und auf vier Gläser verteilen.

3 Joghurt und Quark mit Puderzucker und Schalenabrieb glatt rühren.

4 Die Gelatine in kaltem Wasser einweichen. Den Zitronensaft erwärmen, die ausgedrückte Gelatine darin auflösen und unter die Joghurt-Quark-Masse rühren.

5 Die Sahne nicht ganz steif schlagen. Eiklar mit Zucker zu einem cremigen Schnee schlagen und mit der Sahne unter die Joghurtmasse ziehen. Die Mousse mit einem Spritzbeutel mit großer Tülle in die Gläser füllen und mit Minze garnieren. Wegen des nicht erhitzten Eischnees sollte dieses Dessert sofort gegessen werden.

Tipp

Für ein knuspriges Essvergnügen können Sie etwas Nussmüsli über die Mousse geben.

Tortenboden
* 200 g Löffelbiskuit
* 150 g Butter

Belag
* 1 Bio-Zitrone
* 130 g Zucker
* 500 g Frischkäse mit Joghurt
* 250 g Mascarpone
* 600 g kernlose helle Trauben
* 600 g kernlose dunkle Trauben
* 6 Blatt Gelatine
* 250 g Sahne
* 1 Päckchen heller Tortenguss
* 250 ml Weißwein (oder Traubensaft)

Außerdem
* Springform (Ø 26 cm)

Frischkäse-Trauben-Torte

45 Minuten * Back- und Kühlzeit: 80 Minuten * 8 Portionen

1 Die Löffelbiskuits in einen Gefrierbeutel geben, gut verschließen und mit einer Pfanne oder einem Nudelholz zerkleinern. Die Brösel mit der Butter verkneten, gleichmäßig in der Springform verteilen, fest drücken und 45 Minuten kalt stellen.

2 Die Schale von ½ Zitrone abreiben, die Zitrone auspressen. Zitronenschale und -saft, Zucker, Frischkäse und Mascarpone verrühren. Die Trauben waschen, trocknen und halbieren. Die Gelatine in kaltem Wasser einweichen. Die Sahne steif schlagen und kalt stellen.

3 2 EL der Frischkäsemasse in einem Topf erwärmen, die Gelatine aus dem Wasser nehmen, abtropfen lassen und darin unter Rühren vollständig auflösen. Anschließend gut unter die restliche Mascarponecreme rühren. Dann die Schlagsahne unter die Creme heben.

4 Ein Drittel der Creme auf dem Boden in der Springform verteilen und mit der Hälfte der Trauben belegen. Die restliche Creme gleichmäßig darüber streichen und die übrigen Trauben mit der Schnittfläche nach unten darauf verteilen.

5 Den Tortenguss mit Wein wie auf dem Päckchen angegeben zubereiten und auf der Torte verteilen. Die Torte abgedeckt im Kühlschrank mindestens 3 Stunden kalt stellen.

Tipp

Eine besondere Note bekommt der Kuchen, wenn Sie die Trauben zuvor mit etwas Weinbrand oder Amaretto marinieren.

- 400 g Mehl
- 200 ml lauwarme Milch
- 30 g frische Hefe
- 100 g Zucker
- 1 kg kernlose Trauben
- 100 g weiche Butter + 50 g für das Blech
- 1 Prise Salz
- Schale und Saft von 1 Bio-Zitrone
- 2 Eigelb
- 300 g Schmand
- 6 EL brauner Zucker

Außerdem

- Backblech

Blechkuchen mit Traubenschmand

30 Minuten * Ruhe- und Backzeiten: 1½ Stunden * ca. 10 Stück

1 Für den Teig das Mehl in eine Schüssel sieben, eine Mulde hineindrücken und darin die Hälfte der lauwarmen Milch mit Hefe, 2 EL Zucker und einem Teil des Mehls vermischen. An einem warmen Ort 10 Minuten abgedeckt gehen lassen.

2 Die Trauben zupfen, waschen und trocknen. Mit 50 g flüssiger Butter und dem restlichen Zucker vermengen und beiseite stellen.

3 Den Teig mit der restlichen Milch, der restlichen Butter und dem Salz in der Küchenmaschine oder mit dem Knethacken des Mixers so lange schlagen, bis er Blasen wirft. Den Teig halbieren und zu 2 ½–1 cm dicken Platten ausrollen.

4 Das Backblech einfetten und eine Teigplatte darauflegen. Mit der Hälfte der Trauben belegen und dabei einen 3 cm breiten Rand lassen. Die zweite Platte darauflegen und beide Teigplatten am Rand gut zusammendrücken. Den Teig mit einem Zahnstocher mehrmals oben einstechen und abgedeckt 30 Minuten gehen lassen.

5 Die Zitronenschale, die Hälfte des Zitronensaftes, Eigelb, Schmand und 3 EL braunen Zucker verrühren und auf dem Teig verteilen, dabei wieder einen schmalen Rand lassen. Die übrigen Trauben darauf verteilen, mit dem restlichen braunen Zucker bestreuen und abgedeckt weitere 10 Minuten gehen lassen. Den Backofen auf 180 °C vorheizen und den Kuchen 45 Minuten backen.

»Ein fruchtig-frischer Blechkuchen für eine fröhliche Kaffeerunde.«

Rezeptregister

Birnenrezepte

Quittenrezepte

Rezepte mit Nüssen

Traubenrezepte

Alphabetisches Rezeptregister

ISBN: 978-3-572-08108-0

Umschlaggestaltung: Atelier Versen, Bad Aibling
Layout: Katharina Schweissguth, Visuelle Kommunikation, München
Herstellung: Elke Cramer
Bildredaktion: Sabine Kestler, Tanja Nerger
Projektleitung: Anja Halveland
Rezeptfotos und Styling: Karl Newedel, München
Küche: Josef Weh, Karl Newedel, München
Weitere Fotos: Fotolia: S. 7 (Mariusz Blach), S. 27 (Peredniankina), S. 47 (Dionisvera), S. 61 (Unclesam), U4-Freisteller (Jozsef Szasz-Fabian).

Satz: Nadine Thiel | kreativsatz, Baldham
Reproduktion: Regg Media GmbH, München
Druck und Verarbeitung: Mohn Media Mohndruck GmbH, Gütersloh

Printed in Germany

MIX
Papier aus verantwortungsvollen Quellen
FSC® C011124

Verlagsgruppe Random House FSC® N001967
Das für diesen Titel verwendete FSC®-zertifizierte Papier *Profisilk* wurde produziert von Sappi Alfeld.

1. Auflage